MW01700383

Naturparadies Riesengebirge

Naturparadies

RIESENGEBIRGE

ANDRZEJ RAJ, ANDRZEJ STACHURSKI

TEXT: MAREK KAZIMIERZ WIKOREJCZYK, ANDRZEJ RAJ

VERLAG GERHARD RAUTENBERG

Graphisch bearbeitet von
Andrzej Stachurski, Andrzej Ulewicz

Übertragen ins Deutsche von
Erdmute Sobaszek, Magdalena Sacha

Redakteur
Barbara Wojczulanis

Technischer Redakteur
Wladyslaw Andrzej Sacha

Die Deutsche Bibliothek – CIP-Einheitsaufnahme
Stachurski, Andrzej:
Naturparadies Riesengebirge / Andrzej Stachurski. –
Leer :
Rautenberg, 1995
ISBN 3-7921-0557-8

© 1995 by Verlag Gerhard Rautenberg
Gesamtherstellung:
Rautenberg Druck GmbH, 26787 Leer
Alle Rechte vorbehalten
Printed in Germany
Dieses Buch entstand in Zusammenarbeit mit dem Verlag „Mazury" in Allenstein/Olsztyn.
ISBN 3-7921-0557-8
ISBN 83-86565-05-5

Ein sonniger Sommermorgen erwacht über den Gipfeln. Im Tal herrscht noch graues Dämmerlicht, während der flache Bergrücken, über dem sich im Osten der Gipfel der Schneekoppe (Śnieżka) erhebt, schon die ersten Sonnenstrahlen widerspiegelt. Das leuchtende Rot geht allmählich in ein Rosa über, und während das Licht der Sonne sich zu einem intensiven Weiß aufhellt, dringen ihre Strahlen immer tiefer ins Tal hinein, um schließlich die Häuser im Talgrunde des Vorgebirges zu erreichen. Die bislang nur als graue Schemen erkennbaren Bergkuppen zeichnen sich mit wachsender Deutlichkeit ab, und immer mehr Einzelheiten ihrer Form sind nun zu unterscheiden. Auf den steil abfallenden Hängen der Schneegrube (Śnieżne Kotły) und den grasbewachsenen Plateaus des Riesenkammes (Srebrny Grzbiet) glitzern Bergbäche, die in Kaskaden und Wasserfällen übers nasse Gestein hinunter ins Tal des Großen und des Kleinen Teichs (Wielki Staw, Mały Staw) schnellen, um dort aus dem Blickfeld zu verschwinden. Immer höher steigt die Sonne. Die steilen, grauen Nordhänge entziehen sich zwar noch immer ihrem Licht, aber die dicht bewachsenen Hochwiesen und das dunkle Grün der mit Krummholz bewachsenen Flächen treten schon klar hervor ...

❄

Die Schönheit des Riesengebirges hat viele Gesichter, und nicht nur Tage wie der soeben beschriebene bringen sie zur Geltung. Entzückend ist es hier auch bei Wind, Nebel und bewölktem Himmel, wenn die Berge wild, gefährlich und unzugänglich zu sein scheinen.

Jeder, der dies Gebirge kennt und liebt, weiß es von einer anderen Seite her zu schätzen. Mancher denkt dabei vor allem an den majestätischen Gipfel der Schneekoppe, für manch anderen steht wiederum die Erinnerung an die breiten Flächen der Bergrücken oder die Wasserfälle im Mittelpunkt, wieder andere mögen die Schönheit der Herberge am

Kleinen Teich oder Skiabfahrten im Bereich des Reifträgers (Szrenica) in den Vordergrund rücken, wo bis in den späten Frühling hinein Schnee liegt. Jene große Vielfalt des Riesengebirges wird durch seine geographische Lage und vor allem durch seine reiche und komplizierte geologische Entstehungsgeschichte bedingt. Um die Großartigkeit dieser Berge noch besser empfinden zu können, sollte man ihre Geschichte näher kennenlernen.

❄

Die Entstehung des Riesengebirges ist eng mit der auf uralte Zeiten zurückgehenden Entstehung der Sudeten verbunden. Diese Urberge wurden durch Auffaltung von Meeresablagerungen gebildet, die sich über viele Millionen Jahre in der Senke zwischen dem Böhmischen Massiv und der nordeuropäischen Ebene aufeinandergeschichtet hatten. Starke Bewegungen der Erdkruste und das Zurückgehen des Meeres trugen dazu bei, daß die ältesten Teile der Sudeten allmählich immer höher gepreßt wurden. Durch Erosion der Felsen und durch zahlreiche, die Berge zerklüftende Flußläufe wurde dieses Gebirge jedoch abgetragen und im weiteren Verlauf der Erdgeschichte wiederum von einem Meer eingenommen.

In der Epoche des Karbons, vor etwa 300 Millionen Jahren, kam es in Europa zu einer weiteren orogenetischen Revolution, d. h. zu bergbildenden Bewegungen der Erdkruste, die u. a. auch die Entstehung des Harzes zur Folge hatten. Diese schufen eine weitaus größere Gebirgsformation, welche nun den Anfang des Riesengebirgsblocks bildete. Jene größte tektonische Formation der westlichen Sudeten zieht sich auf einer Länge von fast 70 km zwischen dem Hirschberger Talkessel (Kotlina Jeleniogórska) und der böhmischen Stadt Reichenberg hin und wurde durch Verschmelzungen der empordringenden Magmamasse mit den sie umgebenden älteren Felsformationen gebildet.

Gleichzeitig mit dem Vordringen der Magmamasse wurden riesige Mengen metallischer Lösungen freigesetzt, die sich später in Form von Kupfer, Eisenkies und Arsen ablagerten. Während der Braunkohlezeit wurde das Gebirge durch langwährende Abtragungen durch Wind und Wasser, die mit kurzen Pausen über fast 270 Millionen Jahre einwirkten, wieder abgeflacht. Ihre Folgen sind die heute für das Riesengebirge so charakteristischen, breiten Bergrücken, wie zum Beispiel die Ebene unter der Schneekoppe. Durch chemische Verwitterungsprozesse wurde auch der Anfang der jetzigen Felsbildungen gesetzt.

In der jüngeren Braunkohlezeit wurden aufs neue Prozesse wirksam, die das Gebirge – wie in einem Kaleidoskop – umformten. Die bergbildende Aktivität der Erdkruste nahm zu, und es bildeten sich die jüngsten Gebirge Europas wie z. B. die Alpen und die Karpaten. Dabei wurde auch das Riesengebirge wieder hoch über die alte Sohle des Hirschberger Talkessels hinaufgepreßt.

Jede orogenetische Revolution wird in ihrer letzten Phase von Vulkanismus begleitet, wobei gasförmige, flüssige und feste magmatische Produkte an die Erdoberfläche gelangen. Die Bewegung der Felsen verursachte unter anderem auch das Hervordringen von Basaltmasse, welche zu Basaltadern erstarrte. Im Tal der Kleinen Schneegrube (Mały Śnieżny

Kocioł) können wir heute die in Mitteleuropa am höchsten gelegene Basaltader betrachten.

Die weitere Gestaltung des Gebirges wurde vor allem von Veränderungen des Erdklimas beeinflußt, welche in der nächsten Epoche, dem Quartär, die große Eiszeit verursachten. Das Landeis schob sich zweimal bis an den Fuß des Riesengebirges heran; entscheidend für die heutige Form der Berge war jedoch die dritte, die sogenannte baltische Eiszeit. Sie verlieh ihnen Hochgebirgscharakter. In jener, erst vor 10 000 Jahren beendeten Epoche der Erdgeschichte bildeten sich lokale Gletscher, und diese hatten die Herausbildung der schönsten Teile des Gebirges zur Folge: der Kare und der Moränen. Das strenge Klima und der häufige Temperaturwechsel trugen auch zur Entstehung kahler Bergrücken und Abhänge bei. Nach und nach wurden die verschiedensten Felsgebilde wie zum Beispiel die sogenannten „Pferdeköpfe" („Końskie Łby"), „Quargsteine" („Twarożnik", „Mannsteine" („Czeskie Kamienie"), „Mädelsteine" (Śląskie Kamienie") und die – wohl beeindruckendsten – „Dreisteine" („Pielgrzymy") freigelegt.

Gegen Ende der Eiszeit trugen die von Norden her wehenden Winde feine Staubteilchen mit sich, welche sich auf den Berghängen absetzten. Gleichzeitig wurde das Klima immer wärmer, und auf diese Weise entstanden günstige Bedingungen zur Entwicklung der Pflanzenwelt. Ein dichter Mantel aus Tannen- und Buchenwäldern breitete sich nun über das Gebirge aus. Dies war der Anfang jener Epoche der Erdgeschichte, in der wir heute leben.

Und so hat die Formation des Riesengebirges von seinem ersten Hervortreten vor 300 Millionen Jahren an durch Erosionsprozesse, Abtragung, neuerliche tektonische Aktivität und schließlich durch Vergletscherung während der Eiszeit ihr heutiges Antlitz erlangt.

❄

Vor tausend Jahren sah das gesamte Gebiet des Riesengebirges noch viel anders aus als die heute bekannte Bergwelt, und auch die Menschen von damals unterschieden sich so sehr von denen der Gegenwart, daß es kaum vorstellbar ist, irgendein Fleckchen hätte diese Zeitspanne unverändert oder auch kaum verändert überdauern können. Eben diese unaufhörliche Veränderlichkeit der Natur und der Geschichte der Berge regt unsere Phantasie an, und so vertiefen wir uns gerne in alte, vergilbte Chroniken und Dokumente.

Die ersten Herrscher des Riesengebirges waren weder Fürsten noch Könige – es waren die Wälder. Die dichten Forsten reichten noch Anfang des 12. Jahrhunderts bis zu einer Höhe von 1240 m über dem Meeresspiegel hinauf. Sie bestanden hauptsächlich aus Fichten, Tannen und Buchen, jedoch in höheren Lagen wurde das Feld ausschließlich von der Latschenkiefer beherrscht. Dieser breite „Grenzwald" wurde *zagost* genannt, was „hinter dem Walde" bedeutet – von der Schlesischen Niederung aus gesehen. Im Süden reichte der Forst weit über das Gebiet des Riesengebirges hinaus, bis in die Umgebung der Stadt Gitschin (Jičina) in Böhmen. Mit der Zeit gelang es jedoch dem mit Axt und Beil ausgerüsteten Menschen, den Wald zu besiegen.

Die Gebiete am Fuße der Berge wurden nach der Völkerwanderung vor allem von slawischen Stämmen besiedelt. In der zweiten Hälfte des 14. Jahrhundert kam es zur endgültigen Beseitigung des „Grenzwaldes". Er war auch in strategischer Hinsicht überflüssig geworden, da Schlesien und das Territorium des Riesengebirges nun zum böhmischen Königreich gehörten. Ungestört wurden jetzt zahlreiche Siedlungen angelegt. Ihre Bewohner rodeten das neuerworbene Land und verwandelten es in Wiesen und Weidegründe. Nur an unzugänglichen Stellen und in höheren Lagen blieb der Wald stehen. Die Menschen siedelten sich bevorzugt in der Nähe der Verkehrs- und Handelswege an. Der bekannteste war wohl der Weg nach Trautenau bzw. nach Breslau. Er führte östlich in einer Höhe von 516 m über den Paß bei Liebau und verband die Stadt Breslau u. a. auch mit Prag.

Obwohl das Riesengebirge weiterhin als geheimnisvoll und gefährlich angesehen wurde, und obwohl der Anblick der den Horizont verdekkenden Gipfel weiterhin Angst und Unsicherheit erweckte, entstanden später noch zwei Wege, die direkt über den Kamm des Gebirges führten. Einer von ihnen, der sogenannte „schlesische Weg", führte von Böhmen aus durch die wildesten und unzugänglichsten Teile des Gebirges über die Ortschaften Wiesenbaude und Hampelbaude bis nach Schlesien. Manche Historiker halten es nicht für ausgeschlossen, daß auf diesem Weg der polnische Fürst Bolesław Krzywousty im Jahre 1110 mit seinen Kriegern nach Böhmen gelangt sein könnte. Andere sind jedoch, wahrscheinlich mit Recht, der Überzeugung, er müsse den leichteren und gut bekannten Weg über den Paß bei Liebau genommen haben. Trotz aller Zweifel ist es jedoch nicht zu bestreiten, daß der über Wiesenbaude und Hampelbaude durch das Riesengebirge führende Weg seinerzeit eine sehr wichtige Verbindung zwischen Schlesien und Böhmen gebildet hatte. Auf der ältesten Karte des Riesengebirges aus dem Jahre 1568 ist er unter dem Namen „Gebirgspfad" als breiter Weg eingezeichnet.

Der zweite, bekannte Verbindungsweg im westlichen Riesengebirge war der von Schlesien aus, vorbei am Kochelfall bis zum Quellgebiet der Elbe und dann weiter über Rochlitz und Semil in die böhmische Niederung führende, sogenannte „Böhmische Weg". Er entstand wahrscheinlich schon im 16. Jahrhundert.

Von Norden her reichten die menschlichen Siedlungen hoch auf die Hänge des Vorgebirges hinauf. Die bei archäologischen Untersuchungen in der Nähe von Hermsdorf und Giersdorf und auch auf den Hängen des Gräberbergs (Grabowiec) aufgefundenen Werzeuge zeugen davon, daß die Anwesenheit des Menschen in diesem Gebiet bis auf die Jungsteinzeit (4000 bis 1770 Jahre vor unserer Zeitrechnung) zurückgeht.

Ein wesentlicher Schritt bei der Kolonisation der am Fuße des Riesengebirges gelegenen Bereiche war getan, als die Ortschaft Warmbrunn (polnisch Cieplice) dem Johanniterorden aus Striegau übereignet wurde. Die Johanniter erhielten eine „warme Quelle" und dazu 250 Hufen Land, und zusammen mit den vom Kloster durch Kauf erworbenen 100 Hufen Land ergab das eine Fläche von 100 km^2. Das Lokationsprivileg wurde im Jahre 1281 durch Bernhard von Lemberg unterzeichnet. Ein wenig später entstand an den Osthängen des Riesengebirges die im Jahre 1289 im

Eigentumsverzeichnis der Breslauer Diözese erwähnte kleine Siedlung Arnsdorf (Miłków).

Schon im Jahre 1305 ist im Bereich zwischen Petersdorf und Steinseiffen das Bestehen von acht Ortschaften dokumentarisch belegt, und zehn bis zwanzig Jahre später werden zwischen Schreiberhau und Schmiedeberg dreiunddreißig Siedlungen erwähnt.

Während der Hirschberger Talkessel in einer groß angelegten Kolonisationskampagne neu besiedelt wurde, erweiterte der aus dem Königsgeschlecht der Piasten stammende Fürst Bolko II. (1326–1368), ein Enkel Władysław Łokieteks und Neffe Kasimirs des Großen, den Bau der auf einem Granitfelsen, hoch über dem Tal errichteten, mächtigen Festung – der Burg Kynast. Diese wurde später zum Sitz des schlesischen Rittergeschlechts Schaffgotsch.

Schon in sehr alten Zeiten begann man im Riesengebirge mit der Förderung von Erz und Edelmetallen. Die Gebirgswälder wurden damals buchstäblich von Bergwerken, Hütten und Schmieden verschlungen. Die Eisenerzlager in Schmiedeberg (Kowary) wurden aller Wahrscheinlichkeit nach bereits im Jahre 1148 entdeckt, und in den erhalten gebliebenen Büchern der ersten wallonischen Erzsammler werden Silber- und Goldbergwerke beschrieben. Erwähnt werden auch zahlreiche Funde von Edelsteinen. Die Zeit der größten Intensität des Bergbaus im Riesengebirge fällt jedoch ins 14. und 15. Jahrhundert, als Bergleute aus West- und Südosteuropa hierherkamen. Der Erzabbau entwickelte sich außer in Schmiedeberg noch in den Ortschaften Melzergrund (Dolina Łomniczki), Görisseffen (Płóczki), Städtisch Hermsdorf (Jarkowice) und in Niederschreiberhau (Dolna Szklarska Poręba) sowie auch in der Nähe der „Todeskurve". Die damaligen Stollen waren bis zu 200 m tief und ergaben jährlich etwa 150 t Eisen.

Ganze Heere von Holzfällern fanden im 16. Jahrhundert beim Fällen und beim Flößen der gefällten Stämme auf den Bergbächen Arbeit. So fiel dann auch der schöne Hochgebirgswald den achtzig Jahre lang unaufhörlich auf ihn eindringenden Axtschlägen zum Opfer.

Im Jahre 1618 begann der 30jährige Krieg, in den ganz Böhmen, die Lausitz und ein Teil Schlesiens hineingezogen wurden. Auch er trug, neben seinen vielen anderen negativen Auswirkungen, zur Vernichtung der Gebirgsnatur bei.

Der 30jährige Krieg hatte in Böhmen das Verbot jeglicher vom Katholizismus abtrünniger Konfessionen zur Folge. Aus diesem Grunde begannen nun die böhmischen Protestanten, massenweise ihr Land zu verlassen, um vor den sie bedrohtenden Verfolgungen in das religiös tolerantere Schlesien zu entfliehen. So kam es zur Entstehung neuer Siedlungen wie zum Beispiel Kiesewald (Michałowice), Agnetendorf (Jagniątków), Hain (Przesieka), Baberhäuser (Borowice), Forstbaude (Budniki), teilweise auch Schreiberhau (Górna Szklarska Poręba) und Krummhübel (Karpacz), die in den Bergen in Grenznähe angelegt und mit der Zeit erweitert wurden.

Nach Beendigung der langen Kriegszeit wurde die Schafzucht zur wichtigsten Einnahmequelle der Einwohner des Riesengebirges. Es entstanden zahlreiche Schäferhütten und Bergdörfer, und an den Berghängen wurde Heu geerntet. So ein Bergdorf war ursprünglich Wiesenbaude auf dem Hochwiesenberg. Zur Zeit ihrer Entstehung, im Jahre 1625, war die Ansiedlung noch von dichtem Krummholzgebüsch umgeben. Dieses wurde später ausgebrannt, um Freiraum für neue Weidegründe zu erlangen. Später wurde Wiesenbaude zu einem wichtigen wirtschaftlichen und touristischen Zentrum des östlichen Riesengebirges, ähnlich wie auch Hampelbaude auf der schlesischen Seite.

Seit dem 17. Jahrhundert entwickelte sich im Riesengebirge das Sammeln von Heilkräutern. Diese Kunst war sogar so weit verbreitet und so beliebt, daß im Jahre 1700 in Krummhübel eine „Laboranten-Gilde" gegründet wurde. Getrocknete Heilkräuter sowie auf pflanzlicher und tierischer Basis bzw. aus Mineralien hergestellte Arzneimittel gelangten aus dem Riesengebirge bis hin nach Rußland und England.

Nach dieser ersten Phase der Nutzung der Berge durch Schatzsucher, Holzfäller, Hirten und Kräutersammler begann die Zeit der Aufklärung. Wissensdurstige und von den mittelalterlichen, magischen Vorstellungen und Vorurteilen befreite Wissenschaftler suchten nun die Täler und Gebirgskämme des Riesengebirges auf. Die Romantik trug wiederum zur Entdeckung der zauberhaften Schönheit der Berge bei, und in der Zeit des Positivismus begann man, sie systematisch zu besuchen, zu besichtigen und sie sich zu unterwerfen. Ein Netz aus sicheren Wanderwegen und gut eingerichteten Herbergen breitete sich über das Gebirge aus. Die ursprünglichen Pfade, auf denen die Einwohner ihr Vieh auf die Weide getrieben hatten, wurden größtenteils zerstört, beziehungsweise sind spurlos verschwunden. Es wurden daher neue Wege erbaut, von denen die meisten Ende des 19. Jahrhunderts entstanden.

❄

Obwohl sich im Verlaufe der Jahrhunderte, seit der erste Mensch seinen Fuß in das Riesengebirge gesetzt hatte, soviel verändert hat – eins bleibt jedoch bestehen: die Schönheit der Gebirgsnatur, welche imstande ist, in seinen Besuchern eine tiefe und edle Rührung zu erwecken. Es kommt nun die Frage auf, wie diese über Tausende und Millionen Erdenjahre entstandene und gewachsene Schönheit für die menschliche Kultur zu erhalten ist? – Hat sie doch einen ebenso hohen Wert wie die Werke genialer Künstler!

Die Schönheit des Riesengebirges und vor allem die interessante Beschaffenheit seiner Oberfläche stellt nämlich nicht nur für die Kultur Europas einen besonderen Wert dar. Sie bildet auch eine Grundlage der wirtschaftlichen Entwicklung der Hirschberger Region, deren Einwohner zum größten Teil von der Touristik leben. Ausdruck der bewußten Anerkennung dieser Wahrheit ist die Schaffung von Nationalparks im Jahre 1959 und deren Tätigkeit, denn Naturschutz ist gleichzeitig auch eine Sache der Kultur. Dieses alte Prinzip hat nicht nur nichts an Aktualität verloren, sondern ist heute ein noch brisanteres Problem als je zuvor.

Der Riesengebirgs-Nationalpark (Karkonosze-Nationalpark) hat eine Fläche von etwa 5500 ha. Das Gebiet des Nationalparks umfaßt die höchsten Partien des Riesengebirges (Karkonosze). Es grenzt an die Staatswälder von der polnischen und an den „Krkonosski Narodni Park" von der tschechischen Seite. Laut Beschluß des Komitees UNESCO-MAB (Programm „Mensch und die Umwelt") in Paris wurde im Jahre 1993 auf dem Gebiet von beiden Parks das Bilaterale Biosphären-Reservat geschaffen, das die naturwissenschaftlichen Kulturwerke des ganzen Riesengebirges schonen soll.

Das spezifische Klima des Gebirges, dessen Folge nicht nur die Senkung der Pflanzenstufen, sondern auch die Gestaltung von eigenartigen Wild- und Pflanzengemeinschaften ist, bildet den Hauptfaktor, der über die Verschiedenheit des Riesengebirges gegenüber anderen Gebirgen in Mitteleuropa entscheidet.

Man kann hier nicht nur die typischen Repräsentanten der Gebirgsflora und Fauna treffen, sondern auch die sogenannten endemischen Arten, d. h. solche, die außer in diesem Gebiet nirgendwo in der Welt auftreten. Sehr interessant sind auch die nacheiszeitlichen Relikte, die hier aus dem hohen Norden im Eiszeitalter zugewandert sind.

Die Sträucher: Lapplandweide *(Salix lapponum)*, Moltebeere *(Rubus chamaemorus)*, Moosglöckchen *(Linnaea borealis)*. Die Kräuter: Schneesteinbrech *(Saxifraga nivalis)*, Sudetenläusekraut *(Pedicularis sudetica)*.

Unter anderen Pflanzen besonders interessant sind: Teufelsbart *(Pulsatilla alpina)*, Narzissenblütiges Windröschen *(Anemone narcissiflora)*, Zwergprimel *(Primula minima)*, Arnika *(Arnika montana)*, Grauer Alpendost *(Adenostyles alliariae)*, Schwalbenwurz-Enzian *(Gentiana asclepiadea)*, Traubenkirsche *(Padus petraea)*, Felsen-Johannisbeere *(Ribes petraeum)*, Alpenrose *(Rosa penduliana)*. Im Riesengebirge gedeiht auch Brachsenkraut *(Isoëtes)* – außergewöhnlich interessanter Repräsentant der Pheridophyten, dessen Stelle am Großen Teich (Wielki Staw) zu den am weitesten in Europa vorgeschobenen Standorten gehört.

Die Welt der Vögel repräsentieren: Auerhahn *(Tetrao urogallus)*, Birkhuhn *(Lyrusus tetrix)*, Alpenbraunelle *(Prunella collaris)*, Wasseramsel *(Cinclus cinclus)*, Gebirgsstelze *(Motacilla cinerea)*, Ringdrossel *(Turdus torquatus)*. Zu den Repräsentanten der Säugetiere gehören solche Arten wie Hirsch, Reh, Wildschwein, Fuchs, Stein- und Edelmarder, Hermelin, Wiesel und viele andere. Eine große Besonderheit ist der Mufflon, der 1912 von Korsika und Sardinien in das Riesengebirge gebracht wurde.

Der Riesengebirgs-Nationalpark, der eine zentrale Lage im Riesengebirge hat, ist eine ausgezeichnete touristische Attraktion. Ein großes Netz von touristischen Routen und relativ kleine Entfernungen ermöglichen den Touristen, die eintägigen Wanderungen – mit der Möglichkeit der Rückkehr zum Übernachtungsplatz – in alle weit abgelegenen Gegenden des Parks zu unternehmen. Krummhübel (Karpacz) und Schreiberhau (Szklarska Poręba) – sind die größten Touristik- und Erholungszentren, die am Fuße des Riesengebirges an der Grenze des Nationalparks gelegen sind.

❄

Das Riesengebirge ist die höchste Gebirgsformation der Sudeten und befindet sich in deren westlichen Teil. Seine Oberfläche erstreckt sich über 650 km^2, und nur etwa ein Viertel seines Territoriums (177 km^2) befindet sich im heutigen Polen.

Es erhebt sich als mächtiges, über 1200 m hohes Bergmassiv über den Hirschberger Talkessel. Westlich wird es durch den Engpaß bei Schreiberhau (Przełęcz Szklarska – 886 m) und den Durchbruch des Großen Zakken vom Isergebirge getrennt, östlich grenzt es mit dem Paß bei Schmiedeberg (Przełęcz Kowarska – 727 m) an den Landeshuter Kamm. Die nördliche Grenze des Riesengebirges bildet eine deutliche morphologische Schwelle, die von einer über die Ortschaften Petersdorf, Hermsdorf, Seidorf und Schmiedeberg verlaufenden tektonischen Dislokationslinie gebildet wird. Die südliche Grenze wird auf weniger deutliche Weise durch die böhmischen Orte Stepanitz, Hohenelbe und Jungbuch bestimmt. Die 1198 m hohe Riesengebirgssenkung (Przełęcz Karkonoska) teilt das Gebirge in einen westlichen Teil, dessen höchste Erhebung das „Hohe Rad" (Wielki Szyszak – 1509 m) bildet, und den östlichen Teil, dessen höchster Berg und gleichzeitig auch höchster Gipfel der ganzen Sudeten die Schneekoppe (Śnieżka – 1603 m) ist.

❄

„Jede literarische Beschreibung der Bergwelt ist nur enttäuschend; Worte sind so machtlos, wenn sie die Größe und Majestät der Natur nachahmen wollen ..." – hat einmal der berühmte polnische Alpinist Wawrzyniec Żuławski gesagt. Das mag wohl wahr sein, und auch die kunstvollsten Fotoaufnahmen können die Wirklichkeit nicht ersetzen. Wenn aber jedoch die von der Liebe zur Welt der Berge erfüllte Phantasie zur Hilfe kommt, erwacht das scheinbar tote Foto zum Leben, gewinnt an Plastizität und Tiefe, und es leuchtet mit dem Reichtum seiner Farben: dem Grün der Gräser, dem Grau der Felsen, dem Weiß des Schnees, dem Blau der Seen und des Himmels ...

Und mit dieser Absicht wurde der vorliegende Bildband geschaffen.

SCHNEEKOPPE

Schneekoppe (1602 m ü. d. M.), der höchste Gipfel des Riesengebirges

Wetterstation auf der Schneekoppe.
Systematische Wetterbeobachtungen werden hier seit 1880 durchgeführt

RIESENGEBIRGE

▲ Rehe *(Capreolus capreolus)*

❑ Hirsch *(Cervus elaphus)* – ein Kalb

▼ Mufflons *(Ovis musimon)*

Weite Teile des unteren Hochwaldes werden nunmehr durch aufgeforstete Fichten bedeckt

Die Lomnitz mit sommerlichem Pflanzenwuchs

Fichten bilden breite Baumkronen und üppig verzweigte Wurzeln

▲ Mäusebussard *(Buteo buteo)*

❑ Fuchs *(Vulpes vulpes)*

▼ Hirschkuh mit Kalb

Eine Waldlichtung im Morgennebel

Die Birke ersetzt den schwindenden Fichtenbestand und belebt die unteren Hochwälder mit einer reichhaltigen Farbpalette

Gefrorene Wassertropfen auf der Birke zeugen vom Niederschlagsreichtum ➤

Eine Buchenwald-Partie am Kynast-Berg im Herbst ➤ ➤

Malerische Wege durch Wälder und Lichtungen

Ein ruhiger Bach auf einer Ebene im Bereich der oberen Waldgrenze

Die Herbstfarben am reißenden Wasserfall

Die Schönheit der Herbstfarben auf den Plateaus des Riesengebirges

Der Kynast-Berg mit der Burgruine aus dem 14.–16. Jahrhundert

▲ Mischwälder sind im Herbst am schönsten

◀ Buchenwälder mit der charakteristischen silbrigen Färbung der Baumrinde

Ein Torfmoor, mit Wollgras *(Eriophorum vaginatum)* bewachsen, ist inmitten des oberen Hochwaldes keine Seltenheit

Der Hainfall bei Giersdorf

◀ Die Kaskaden der Kleinen Lomnitz gehören zu den schönsten Wasserfällen des Riesengebirges

▲ Die Lomnitz – ein Fragment

▼ Die Windungen der Lomnitz auf der Ebene oberhalb des Jagdhäuschens

Gesamtansicht des Lomnitztals vom Rand des Talgrundes des Kleinen Teiches

Im Spätsommer blühen Schwalbenwurz-Enzian *(Gentiana asclepiadea)* ▲ und Roter Fingerhut *(Digitalis purpurea)* ▼ inmitten der alten Fichtenwälder an sonnenbeschienenen Stellen auf

Die alten Fichtenwälder können
sich von selbst regenerieren

Monumentale Restberge: Die Felsengruppe Dreisteine zeugt von der Beständigkeit des Granits im Riesengebirge

Talgrund des Kleinen Teichs mit zwei Berghütten: Teichbaude und Hampelbaude ➤

Die Teichbaude – eine der ältesten Berghütten

Malerische Umgebung des Kleinen Teichs ➤

Felsiger Berghang am Kleinen Teich, von der durch die Wolken schimmernden Sonne beleuchtet

Die Eberesche *(Sorbus aucuparia var. glabrata)* kommt im Riesengebirge oft vor

Schwalbenwurz-Enzian – eine Pflanze des Spätsommers und Herbstanfangs

Die Stirnmoräne am Kleinen Teich – ein Gebilde der Eiszeit

Die Hirsche sind im Riesengebirge keine Seltenheit

Die Vielfalt der Bewölkungsformen, je nach Tageszeit

Das Aupamoor auf dem Koppenplan – ein Phänomen der Natur

Bei entsprechenden Wetterbedingungen kann man in den über den Tälern liegenden Wolken den eigenen Schatten von einem Strahlenkranz umringt sehen. Dieses Phänomen wird Brocken-Gespenst genannt

Die Sonnenauf- und -untergänge gehören zu den schönsten Aussichten im Riesengebirge

Der Kochel-Bach und sein
Wasserfall sind farbenreich
im Sommer wie im Herbst

Die Vielfalt der Pflanzenwelt in der Kleinen Schneegrube

Alpen-Windröschen *(Pulsatilla alpina)*

Eine fruchttragende Eberesche vermannigfacht die monotonen Farben der Latsche

Der Zackelfall zieht durch seine Schönheit und seine Gewalt zahlreiche Wanderer an

Der Nebel tritt im Riesengebirge über dreihundert Tage im Jahr auf

Alte Wälder sterben aus; ihr Platz wird von neuen in Anspruch genommen

Der Pferdekopfstein hält gewissermaßen vor dem Reifträger Wache

Der Reifträger (1362 m ü. d. M.) in den ersten Sonnenstrahlen

Die Veilchenspitze (1471 m ü. d. M.) ist nicht sehr hoch, dafür recht malerisch

Der Fichtenkreuzschnabel *(Loxia curvirostra)*

Panoramablick vom Hohen Rad in Richtung Osten

Die Große Schneegrube – der Schnee konnte in den Felsenklüften bis zum Sommer überdauern

Die Basaltader in der Kleinen Schneegrube – eine Laune der Natur

Der Moschus-Steinbrech *(Saxifraga moschata)* – das Beispiel einer endemischen Pflanzenart

Rodhiola rosea wächst im Riesengebirge nur auf der Basaltader in der Kleinen Schneegrube

Die Überreste einer riesigen Schneewächte in der Großen Schneegrube

Zwergprimel *(Primula minima)* – ein Frühlingsbote im Gebirge

Windröschen *(Anemone narcissiflora)*

Der in einer Felsrinne liegende Schnee erinnert im Frühjahr an die Alpengletscher

Der Große Teich mit Ausblick auf die Schneekoppe in der Frühlingsszenerie ➤

Die bis Juni erhaltene Schneewächte zeugt von starken Schneefällen im Winter

Grauer Alpendost *(Adenostyles alliariae)*

Türkenbundlilie *(Lilium martagon)*

Große Schneegrube

Der nordwestliche Hang des Hohen Rads

Die herbstlichen Wolkenmassen, durch die Berge ziehend, kündigen den Föhn an

Widerstandsfähige Gesteinskomplexe: Mittagsstein, Sausteine

WINTER

Der Rauhreif ist ein unverzichtbarer Bestandteil der höheren Partien des Riesengebirges. Er umhüllt die Baumzweige, Straßenschilder, Berghütten und bildet phantastische, einzigartige Formen

Mit Rauhreif und Schnee bedeckte Felsenkomplexe: Pferdekopfstein und Sausteine

Märchenhaft beschneite Kiefern an der oberen Waldesgrenze

Die Kleine Teichbaude sieht mit einer dicken Schicht Schnee bedeckt wie eine kleine Sennhütte aus ▲

Berghänge im Talgrund des Kleinen Teiches. Die noch harmlos aussehenden Wolken kündigen einen Wetterwechsel an ▼

Am mächtigsten ist die Schneedecke im Riesengebirge in Wäldern und Bergkesseln

Der Reifträger und seine Umgebung. Der Name des Gipfels entstand durch den hier sehr oft vorhandenen Reifbeschlag

Die Morgenszenerie im Winter bei kräftigem Frost in der Gegend des Weißen Tals